www.ankh-hermes.nl

'The Art of the Arcturians'

Janosh

Tweede druk

Uitgeverij Ankh-Hermes bv Deventer

© 2005   Fotografie graancirkels:
Bert Janssen (www.bertjanssen.nl)
Roeland Beljon
Janet Ossenbaard (www. circularsite.com)
Annemieke Witteveen
Steve Alexander (www.temperarytemples.co.uk)
Andrew King
Lucy Pringle

© 2005   Janosh: alle artwork en lay-out

DTP en traffic:
Janosh

Eerste druk   oktober 2005
Tweede druk   juni 2006

CIP-gegevens:
ISBN: 90-202-8389-8
NUR: 720 / 640
Trefwoord: graancirkels / graancirkelcodes

© 2005 Janosh-art, Amsterdam
© 2005 Uitgeverij Ankh-Hermes bv, Deventer

Uit deze uitgave mag uitsluitend iets verveelvoudigd, opgeslagen in een geautomatiseerd gegevensbestand en/of openbaar gemaakt worden door middel van druk, fotokopie, microfilm, opnamen, of op welke andere wijze ook, hetzij chemisch, elektronisch of mechanisch, na voorafgaande toestemming van de uitgever.

Any part of this book may only be reproduced, stored in a retrieval system and/or transmitted in any form, by print, photoprint, microfilm, recording, or other means, chemical, electronic or mechanical, with the written permission of the publisher.

de KUNST van GRAANCIRKELCODES BELEVEN

fotografie: Annemieke Witteveen

fotografie: Bert Janssen

Inhoud

Voorwoord	pag.	07
De Hologrammen	pag.	08
Mijn vriend Saïe	pag.	09
De Arcturianen	pag.	10
Waarom geometrie?	pag.	11
Wat zijn Graancirkels?	pag.	12
Waar komen ze voor?	pag.	13
Geometrie	pag.	15
Graancirkelreconstructies	pag.	16

De hologrammen en hun betekenissen

De Art of the Arcturians	pag.	23
Derde Golf/Third Wave	pag.	24
Overgang/Transition	pag.	26
Contact	pag.	28
Communicatie/Communication	pag.	30
Overgave/Surrender	pag.	32
Illusie/Illusion	pag.	34
Integratie/Integration	pag.	36
Bevrijding/Liberation	pag.	38
Verlichting/Enlightenment	pag.	40
Loslaten/Release	pag.	42
Wijsheid/Wisdom	pag.	44
Bewustwording/Awareness	pag.	46
Verbinding/Connected	pag.	48

Inhoud

Loyaliteit/Loyalty	pag.	50
Openheid/Openness	pag.	52
Intentie/Intention	pag.	54
Dualiteit/Duality	pag.	56
Balans/Balance	pag.	58
Heling/Healing	pag.	60
Vergeving/Forgiveness	pag.	62
Frequentie/Frequency	pag.	64
Wedergeboorte/Rebirth	pag.	66
Ontpoppen/Emergence	pag.	68
Tijdverschuiving/Timeshift	pag.	70
Tijdsverschuiving naar 2012	pag.	72
Bevestiging/Confirmation	pag.	74
Erkenning/Recognition	pag.	76
Blauwdruk/Blueprint	pag.	78
Vrijheid/Freedom	pag.	80
Herinneren/Remember	Pag.	82
Nawoord	pag.	85
Dankwoord	pag.	86
De codes beleven 'on tour'	pag.	89
Interessante websites	pag.	90
Interessante boeken	pag.	90
Producten	pag.	91

fotografie: Bert Janssen

Voorwoord

Bij volle maan, in de nacht van 8 en 9 november 2003, vond een Harmonische Concordantie plaats: een krachtige astrologische en galactische gebeurtenis. Deze Harmonische Concordantie werd nog eens versterkt door twee extra bijzonderheden. Er was die nacht sprake van een volledige maansverduistering en vijf planeten van ons zonnestelsel stonden op dat moment in een perfecte Davidster.

Ik had hier over gelezen en ontving een oproep om rond deze datum te gaan mediteren. Men voorspelde een zeer harmonische energie …

Ik besloot mee te doen aan deze wereldwijde meditatie, maar – terwijl er vele reacties waren van mensen die van alles ervoeren – ik voelde niets.
Tot enkele dagen later …

Plotseling zag ik allerlei prachtige driedimensionale vormen voor me: transparant en in de mooiste kleuren. Ik voelde dat ze me iets te vertellen hadden en tekende ze na. Zodra ik begon na te denken over wat ze konden zijn, verdwenen ze. Maar het lukte me om een aantal na te tekenen en om ze vervolgens in de computer precies zo te maken zoals ik ze had gezien.

Nadat ik ze op internet had geplaatst, kreeg ik zeer verrassende reacties: het bleken graancirkels te zijn. Ik had wel eens van graancirkels gehoord maar ik had me er nooit in verdiept. Mijn verbazing bleef groeien, toen ik vervolgens allerlei informatie doorkreeg over wat de hologrammen/graancirkels betekenden.

Ik begon een sterke drang te voelen om dit met anderen te delen, maar zelf wilde ik het liefst op de achtergrond blijven. En zo ontstond de Activatie: een multimediapresentatie waarbij de informatie op een enorm scherm wordt geprojecteerd, ondersteund door prachtige muziek. Doel van de Activaties was om zoveel mogelijk mensen de verrassende kunst uit een andere dimensie te laten beleven, door middel van de hologrammen. Zodoende ontstond de titel van de Activaties: 'De kunst van graancirkelcodes beleven …'

Het mysterie van graancirkels boeit mensen al duizenden jaren en houdt de spirituele discussies, wetenschappelijke onderzoeken en de meest uiteenlopende verklaringen levendig in stand. Nog steeds verschijnen jaarlijks, vooral in Engeland, rond de honderd nieuwe graancirkels. Ook bij mij blijven ze nog steeds verschijnen: intrigerende hologrammen die exact overeen blijken te komen met specifieke graancirkels, waarvan ik in eerste instantie het bestaan niet kende. Elke graancirkel bevat een andere code die vervolgens invloed heeft op een specifiek deel van ons bewustzijn. Alle hologrammen hebben een eigen titel meegekregen, zoals Openheid, Integratie, Illusie.

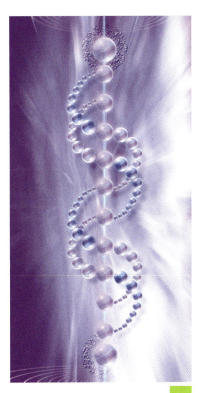

Ik geloof dat de meest recente graancirkels het begin zijn van een nieuw niveau van communicatie. De graancirkelformaties zijn er om ons te stimuleren en ons te doen ontwaken. Vele graancirkels bevatten zogenaamde Heilige Geometrie. Deze wordt gebruikt omdat zij een krachtiger symboliek bevat dan wélke geschreven taal dan ook. De geometrie vindt haar weerklank in alle mensen, wereldwijd, ongeacht de taal die ze spreken. Bovendien worden de graancirkelformaties de laatste jaren om verschillende redenen steeds ingewikkelder. Een van die redenen is de groei van het menselijk bewustzijn. Als de mensheid zich openstelt voor de kennis die aanwezig is in deze formaties en wanneer het bewustzijn van diegenen die deze heilige vormen waarnemen groeit, zal de mogelijkheid om die wijsheid in zich op te nemen en te begrijpen, toenemen. Hoe meer vormen binnen de formaties, des te meer de groei van de mensheid wordt gestimuleerd. De vormen van de afgelopen jaren zorgen voor een snellere opening van het gehele menselijk bewustzijn. Ze stimuleren tevens de bereidheid in de mens om open te staan voor manieren waarop ons dieper bewustzijn ons naar zelfgenezing leidt.

Ik wens u veel lees- en kijkplezier toe!

Janosh

De Hologrammen ...

Sinds november 2003 direct na de Harmonische Concordantie verschenen er hologrammen. Ik zie deze als transparante energieën gevat in verschillende vormen en kleuren. Ik voelde dat deze hologrammen iets te vertellen hadden en vertaalde deze in computergraphics.

Vanaf het moment dat deze hologrammen op het internet te zien waren, kwamen de eerste, zeer verrassende, reacties. De hologrammen bleken de vormen te hebben van bestaande graancirkels. Ik was helemaal niet bekend met graancirkels en had geen idee waarom juist ik deze hologrammen ontving.

Mijn vriend Saïe ...

Kort na het verschijnen van de eerste hologrammen nam Saïe contact met me op. Saïe is een bewustzijn uit een ander zonnestelsel dat met velen hier op aarde communiceert. Hij vertelde me dat er velen van hen van de Arcturiaanse Moederplaneet naar de aarde zijn gekomen om de mens te begeleiden in zijn evolutie naar een hoger bewustzijn.

Saïe is een multi-dimensionaal wezen. Hij leeft in een parallelrealiteit als een dienaar van het Hoogste. In zijn parallelleven is hij een van de Goede Buitenaardse Wezens, Arcturianen genaamd. In die dimensie is hij een van de wezens die de Cirkelmakers worden genoemd. Vergeet niet dat het graancirkelfenomeen multi-dimensionaal is met vele aspecten in vele parallelrealiteiten. Mensen zijn er een component van. De Druïden, de Kelten en de Vrijmetselaars die de energiematrix hebben voorbereid in het heilige land waar de meeste graancirkels verschijnen, zijn eveneens componenten.

Veel hoogontwikkelde zielen uit andere dimensies hebben ervoor gekozen om in een fysiek lichaam te incarneren en in te pluggen in het menselijk DNA om de Grote Verschuiving, het neerdalen van de Hemel op Aarde, te begeleiden. We zijn getuige van een fenomeen dat zijn weerga niet kent in de geschiedenis van de Aarde. De tijd versnelt, nu het ruimte-tijdcontinuüm ten einde loopt. De sluiers zijn dun. Hierdoor kunnen wij als mensen beter communiceren met andere werelden en andere dimensies.

De Arcturianen ...

De Arcturianen zijn de Meesters van de Frequentie. Zij beheren de holografische kamers waar de hologrammen van alle pictogrammen opgeslagen liggen. Deze verschijnen onder andere als graancirkels.

Natuurlijk is er een zichtbaar verschil tussen de door mensen gemaakte graancirkels en de graancirkels die met behulp van frequentiebundels zijn gemaakt, gebruikmakend van hoog ontwikkelde Arcturiaanse technologie. De graancirkels zullen eenieder blijven verbazen die gezegend is deel uit te maken van dit uitzonderlijke fenomeen.

fotografie: Bert Janssen

Waarom geometrie ...?

De graancirkelformaties worden de laatste jaren steeds ingewikkelder en wel om verschillende redenen. Een van die redenen is de groei van het bewustzijn van de mens. Als de mensheid zich openstelt voor de kennis die aanwezig is in de formaties c.q. hologrammen, en wanneer het bewustzijn van diegenen die deze Heilige Geometrie waarnemen groeit, zal de mogelijkheid om die wijsheid in zich op te nemen en te begrijpen, toenemen. Hoe meer geometrie binnen de formaties, des te meer de spirituele groei van de mensheid wordt gestimuleerd.

De vormen van de afgelopen jaren zorgen voor een snellere opening van het gehele menselijk bewustzijn. Ze stimuleren tevens de bereidheid in de mens om open te staan voor manieren waarop ons dieper bewustzijn ons naar zelfgenezing leidt.

De opname van de informatie gaat sneller via de geometrie en geeft een extra dimensie mee aan de vijf zintuigen die we nu gebruiken. De mens wordt op deze manier bewuster voorbereid om te groeien op fysiek, mentaal, emotioneel en spiritueel niveau.

Doordat wij als mens nogal visueel zijn ingesteld, nemen we de codes sneller in ons onderbewustzijn op door er naar te kijken dan dat we de codes horen of erover lezen. Door je af te stemmen op en te staren naar de coderingen, de geometrie en de kleuren zal de informatie door ons onderbewustzijn worden opgenomen.

Deze coderingen zijn hier om je te stimuleren en je te doen ontwaken. De graancirkels en hologrammen hebben de ingewikkelde vormen van Heilige Geometrie, omdat het een vorm is waar binnen veel informatie, waar ook vandaan, samengevat kan worden. Een andere reden voor het gebruik van geometrie op deze planeet is, dat zij een krachtiger symboliek bevat dan wélke geschreven taal ook. De geometrie vindt haar weerklank in alle mensen van deze wereld, ongeacht de taal die ze spreken. De Arcturianen die deze berichten sturen weten dat de geometrie resoneert met vele niveaus in de mens.

fotografie: Bert Janssen

Wat is een graancirkel?

Een graancirkel is een platgelegd patroon in een veld. Het veld kan van alles bevatten: tarwe, gras, koolzaad, rijst, etcetera. Het patroon kan ook van alles zijn: een cirkel, een ring, een combinatie van vormen, een complexe geometrie, maar soms ook slordige krabbels. Soms is de geometrie perfect en adembenemend, soms is het een rommeltje.

In een graancirkel ligt het gewas plat op de grond, het is alsof een stempel van bovenaf in het veld is gedrukt. De planten zijn niet dood, zij groeien gewoon door: eerst horizontaal over de grond en na enige uren buigen zij zich weer naar het licht en groeien ze omhoog.

fotografie: Bert Janssen

Al ruim twintig jaar worden de graancirkels uitgebreid onderzocht. Tal van vakgebieden hebben zich in dit onderzoek gemengd en de uitkomsten zijn veelal verbluffend te noemen. Het is niet mijn opzet om hier een volledig overzicht van deze onderzoeken te geven van 'vreemde zaken'. Wel zal ik hier een korte samenvatting geven van onderzoeken door graancirkelonderzoekster Janet Ossebaard van de zogenaamde anomalieën die de wetenschap ertoe aangezet hebben om gestructureerd en serieus onderzoek te verrichten.

Vaak komt het voor dat aren van graancirkelplanten geen zaden bevatten. In de meeste gevallen betreft dit graancirkels in jong gewas (d.w.z. formaties die in april t/m juni ontstaan, als het graan nog niet rijp is).

Opgerekte en geëxplodeerde knopen

Dit is het resultaat van een intense, kortstondige hitte. Het vocht in de plant wordt door deze hitte (een nog onbekende energie) omgezet in stoom en zet uit. Als de plant nog niet rijp is, kan de druk opgevangen worden door de knopen: de meest flexibele delen van de plant. Deze knopen rekken op en blijven in deze uitgerekte positie staan, ook wanneer de energie al lang verdwenen is. In niet rijp gewas, dus vrij vroeg in het seizoen (april, mei, juni) kan men deze opgerekte knopen vinden in graancirkels.

Opgerekte en geëxplodeerde knopen zal men nooit aantreffen in graancirkels die door mensenhanden zijn gemaakt. Ze zijn eenvoudigweg niet na te maken met mechanische hulpmiddelen.

Dode vliegen

Er zitten soms tientallen dode vliegen in een graancirkel. De vliegen zijn dan met hun zuignap-achtige tong aan de aren van rechtopstaande planten in de formatie geplakt en zo gestorven. Buiten de formatie zijn geen dode vliegen te vinden. Labanalyse kan geen stervensoorzaak ontdekken. Pesticiden en schimmels zijn echter uitgesloten.

Hoge concentraties magnetiet

Op de bodem van veel graancirkels worden zeer hoge concentraties magnetiet aangetroffen, soms tot wel 800 keer zoveel als normaal het geval is. Dit wordt veroorzaakt door een sterk magnetisch veld in de ionosfeer (hogere atmosfeer), dat meteorietstof (magnetiet) aantrekt en naar beneden zuigt richting aardoppervlak waar het neerkomt in een nieuw te vormen graancirkel.

Ook komt het 's winters voor dat de sneeuw wegsmelt op de plaats waar een graancirkel lag, alsof de grond er enkele graden warmer is dan normaal ...

Waar komen graancirkels voor?

Over de hele wereld, onder andere in Nederland, België, Duitsland, Engeland, Polen, Denemarken, Finland, Rusland, Amerika, Canada.

Engeland is echter 'de bakermat': De plek waar de meeste en de meest complexe figuren elk jaar ontstaan.

Waarom bepaalde plekken steeds weer graancirkels aantrekken weten we niet met zekerheid. Het lijkt erop dat het te maken heeft met de aanwezigheid van energiebanen in en om de aarde (leylijnen). Onze verre voorouders waren zich terdege bewust van deze energiebanen en bouwden hun heiligdommen daar vaak op (hunnebedden, steencirkels, piramiden etc.).

Wellicht dat daarom graancirkels zo veel in Zuid- en Midden-Engeland ontstaan, waar veel sterke leylijnen zijn die elkaar veelvuldig kruisen (een uitzonderlijk krachtig voorbeeld hiervan is Stonehenge in Wiltshire, hét graancirkelgebied bij uitstek!).

Naast leylijnen lijken de grondsoort en het waterpeil een rol te spelen. De krijtgrond van Wiltshire bijvoorbeeld is zeer waterdoorlatend, waardoor er gemakkelijk een elektrische lading ontstaat, hetgeen zeer bevorderlijk werkt bij de geleiding van de graancirkelenergie.

Stonehenge in Wiltshire

fotografie: Bert Janssen

Geometrie ...

Sinds het bestaan van de mensheid worden aan 'Heilige Geometrie' speciale eigenschappen toegeschreven, vandaar deze benaming. We kennen haar van Pythagoras en Plato in het oude Griekenland, maar in Groot-Brittannië zijn stenen beeldhouwwerkjes gevonden in de vorm van de vijf Platonische lichamen van minimaal 12.000 jaar oud. De mensheid heeft er dus al lang iets mee.

Achter geometrie gaat het mysterie van de schepping schuil. Dit mysterie hangt ten nauwste samen met de wetenschap van de Heilige Geometrie, onze verre voorouders wisten hier veel meer vanaf, zoals de Maya's, Egyptenaren, Kelten, Druïden, Grieken en de Tempeliers. Daar werden bijvoorbeeld de priesters van het ene bewustzijnsniveau naar het volgende geleid.

De geometrie ligt diep aan de basis van ons lichaam, celgeheugen en bewustzijn vandaar dat de concentratie op Heilige Geometrische vormen veel in ons naar boven haalt, zodat het geheeld kan worden.

In oude meditatieve traditis, bijvoorbeeld in India, concentreert men zich tijdens meditaties op geometrische vormen zoals mandala's om tot innerlijke groei te komen. Men had duizenden jaren geleden al in de gaten dat geometrie iets met het bewustzijn deed. Deze mandala's waren handgeschilderd. Ze geven abstracte ideeën weer, zoals tijd, hogere dimensies en verruimde staten van bewustzijn. De structuur en optische-illusiekwaliteiten van de mandala en de geometrie brengen de mediteerder in een staat van bewustzijnsverruiming. Natuurkundigen die zich bezig hielden met de relativiteitstheorie en met kwantumfysica herkenden hun hoger-dimensionale wiskunde in die van de Heilige Geometrie.

Geometrie heeft te maken met al het leven hier op aarde. Maar ook met alles daarbuiten. Je zou kunnen zeggen dat alles geometrie is, ook de mens. Wij zien onszelf niet als een geometrische vorm. Onze zintuigen houden de werkelijke waarneming tegen. De mens is een energiemodel met het daarbij behorende energielichaam.

Verborgen geometrie ...

Welke verborgen geometrie bevindt zich bijvoorbeeld in deze graancirkelcode?

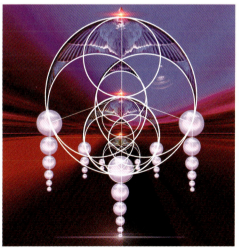

Graancirkelreconstructies

door Zef Damen

Wat zijn graancirkelreconstructies?

Een reconstructie wordt gemaakt met de bedoeling het ontwerp van het patroon beter te leren begrijpen. Het is een tekening van de plattegrond van wat in het veld is aangetroffen. Hoewel op zichzelf bijzonder spannend om te weten, zijn de reconstructies niet bedoeld om te achterhalen hoe graancirkelformaties in het echt worden gemaakt. Wie mijn reconstructies volgt komt tot de ontdekking, dat aan het eind vaak overbodige delen van de tekening moeten worden verwijderd, en dat is natuurlijk in het veld volkomen onmogelijk! Er zijn – op z'n minst – twee manieren om zo'n reconstructie te maken. Bij de eerste wordt de echte formatie opgemeten en wordt er een tekening gemaakt, die zo nauwkeurig mogelijk overeenkomt met de metingen (op schaal natuurlijk). In plaats van de echte formatie kan ook een luchtfoto worden gebruikt voor het opmeten, maar dan moet wel speciale aandacht worden gegeven aan de perspectivische vervorming, en de invloed ervan op metingen.

De tweede manier heeft mijn voorkeur. Het is niet alleen gebaseerd op metingen, maar gaat nog een stap verder. Het probeert de onderlinge relaties van alle delen, waaruit de formatie is opgebouwd, te achterhalen. Veel patronen van graancirkelformaties vertonen een zo intrigerende interne samenhang, dat ze zogezegd staan te springen om ontdekt te worden. 'Constructies met passer-en-liniaal' blijken een bijzonder bruikbaar hulpmiddel voor deze re-constructies – letterlijk.

Hoe komen graancirkelreconstructies tot stand?

Meestal in een aantal stappen. Eerst gebruik ik MS Word, voer een luchtfoto in als achtergrond, om er dan ellipsen en lijnen overheen te tekenen, zo nauwkeurig mogelijk in overeenstemming met het patroon. Dit is een goed hulpmiddel om een idee te krijgen van de interne samenhang en om aan te meten.

Als de perspectivische vertekening niet te groot is, blijven lijnen lijnen en worden cirkels ellipsen. Behalve voor de hele grote: grote cirkels worden vervormde ellipsen.

De reconstructie zelf wordt in AutoCAD gedaan. AutoCAD leent zich er uitstekend voor om passer-en-liniaal-constructies uit te voeren, ondanks dat het intern volledig numeriek werkt. Voor constructiedoeleinden biedt het de mogelijkheid gebruik te maken van allerlei soorten speciale punten (die met zeer grote nauwkeurigheid worden doorgerekend), zoals snijpunten, middelpunten, raakpunten, eindpunten, middens, enzovoort Al deze punten hebben passer-en-liniaal tegenhangers.

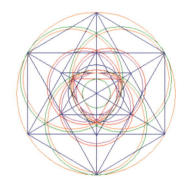

In de eerste reconstructiepoging boots ik eerst nog de metingen na om speciale punten te vinden die samenvallen met gemeten punten. Als ik goede kandidaten kan vinden, dan begin ik met de strengere passer-en-liniaalsconstructie. Als dat lukt, leidt dat tot een complete tekening van de formatie. Dan volgt er een lastige stap, het 'passen'. Ik vind dit een belangrijke stap. Hoe beter het resultaat van de reconstructie past op de originele foto, hoe groter het 'bewijs', dat dit inderdaad de reconstructie is!

Reconstructie van de Milk Hill formatie (Frecquency) van 26-06-2004

1. Teken een cirkel. Trek en verleng de horizontale en verticale middellijn.

2. Creëer een 'Vesica Pisces'-patroon door twee cirkels te construeren, met het middelpunt op beide snijpunten van cirkel 1 en de horizontale middellijn, die door de tegenoverliggende snijpunten gaan, zoals weergegeven.

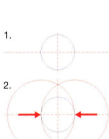

3. Kopieer één van de cirkels 2 naar het onderste snijpunt van cirkel 1 en de verticale middellijn.

4. Kopieer één van de cirkels 2 naar het onderste snijpunt van cirkel 3 en de verticale middellijn.

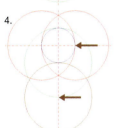

5. Construeer het ingeschreven octagon (regelmatige achthoek) van cirkel 4, met een punt naar rechts.

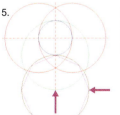

6. Construeer de ingeschreven cirkel van octagon 5.

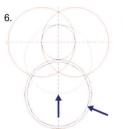

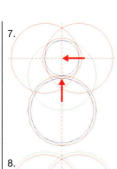

7. Construeer een cirkel, concentrisch met cirkel 1, die cirkel 6 aan de bovenkant raakt.

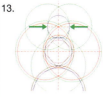

8. Construeer twee cirkels, concentrisch met cirkels 2, die cirkel 7 aan de tegenoverliggende kant raken.

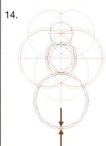

9. Construeer het ingeschreven vierkant van cirkel 7, met een punt naar rechts.

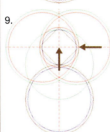

10. Construeer de ingeschreven cirkel van vierkant 9.

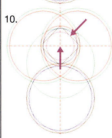

11. Kopieer cirkel 10 naar het bovenste snijpunt van beide cirkels 2.

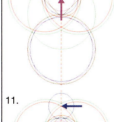

12. Trek en verleng de horizontale middellijn van cirkel 11.

13. Creëer een 'Vesica Pisces'-patroon, zoals cirkels 2, door twee cirkels te construeren, met het middelpunt op beide snijpunten van cirkel 11 en middellijn 12, die door de tegenoverliggende snijpunten gaan, zoals weergegeven.

14. Construeer een cirkel met het middelpunt op het onderste hoekpunt van octagon 5, die cirkel 6 aan de onderkant raakt.

15. Kopieer cirkel 14 naar het bovenste snijpunt van cirkel 11 en de verticale middellijn.

16. Construeer een cirkel, concentrisch met cirkel 11, die cirkel 15 aan de bovenkant raakt.

17. Construeer twee cirkels, concentrisch met cirkels 13, die cirkel 16 aan de tegenoverliggende kant raken.

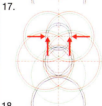

18. Construeer een cirkel, concentrisch met cirkel 11, die cirkel 7 aan de onderkant raakt.

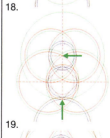

19. Construeer een cirkel, concentrisch met cirkel 18, die cirkel 10 aan de onderkant raakt.

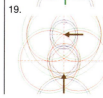

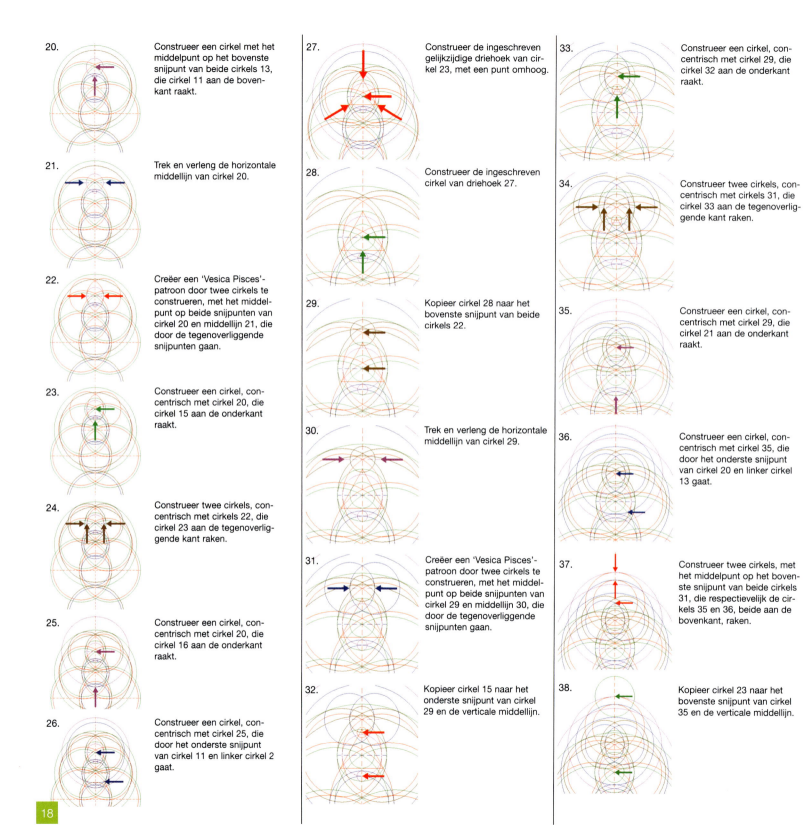

20. Construeer een cirkel met het middelpunt op het bovenste snijpunt van beide cirkels 13, die cirkel 11 aan de bovenkant raakt.

21. Trek en verleng de horizontale middellijn van cirkel 20.

22. Creëer een 'Vesica Pisces'-patroon door twee cirkels te construeren, met het middelpunt op beide snijpunten van cirkel 20 en middellijn 21, die door de tegenoverliggende snijpunten gaan.

23. Construeer een cirkel, concentrisch met cirkel 20, die cirkel 15 aan de onderkant raakt.

24. Construeer twee cirkels, concentrisch met cirkels 22, die cirkel 23 aan de tegenoverliggende kant raken.

25. Construeer een cirkel, concentrisch met cirkel 20, die cirkel 16 aan de onderkant raakt.

26. Construeer een cirkel, concentrisch met cirkel 25, die door het onderste snijpunt van cirkel 11 en linker cirkel 2 gaat.

27. Construeer de ingeschreven gelijkzijdige driehoek van cirkel 23, met een punt omhoog.

28. Construeer de ingeschreven cirkel van driehoek 27.

29. Kopieer cirkel 28 naar het bovenste snijpunt van beide cirkels 22.

30. Trek en verleng de horizontale middellijn van cirkel 29.

31. Creëer een 'Vesica Pisces'-patroon door twee cirkels te construeren, met het middelpunt op beide snijpunten van cirkel 29 en middellijn 30, die door de tegenoverliggende snijpunten gaan.

32. Kopieer cirkel 15 naar het onderste snijpunt van cirkel 29 en de verticale middellijn.

33. Construeer een cirkel, concentrisch met cirkel 29, die cirkel 32 aan de onderkant raakt.

34. Construeer twee cirkels, concentrisch met cirkels 31, die cirkel 33 aan de tegenoverliggende kant raken.

35. Construeer een cirkel, concentrisch met cirkel 29, die cirkel 21 aan de onderkant raakt.

36. Construeer een cirkel, concentrisch met cirkel 35, die door het onderste snijpunt van cirkel 20 en linker cirkel 13 gaat.

37. Construeer twee cirkels, met het middelpunt op het bovenste snijpunt van beide cirkels 31, die respectievelijk de cirkels 35 en 36, beide aan de bovenkant, raken.

38. Kopieer cirkel 23 naar het bovenste snijpunt van cirkel 35 en de verticale middellijn.

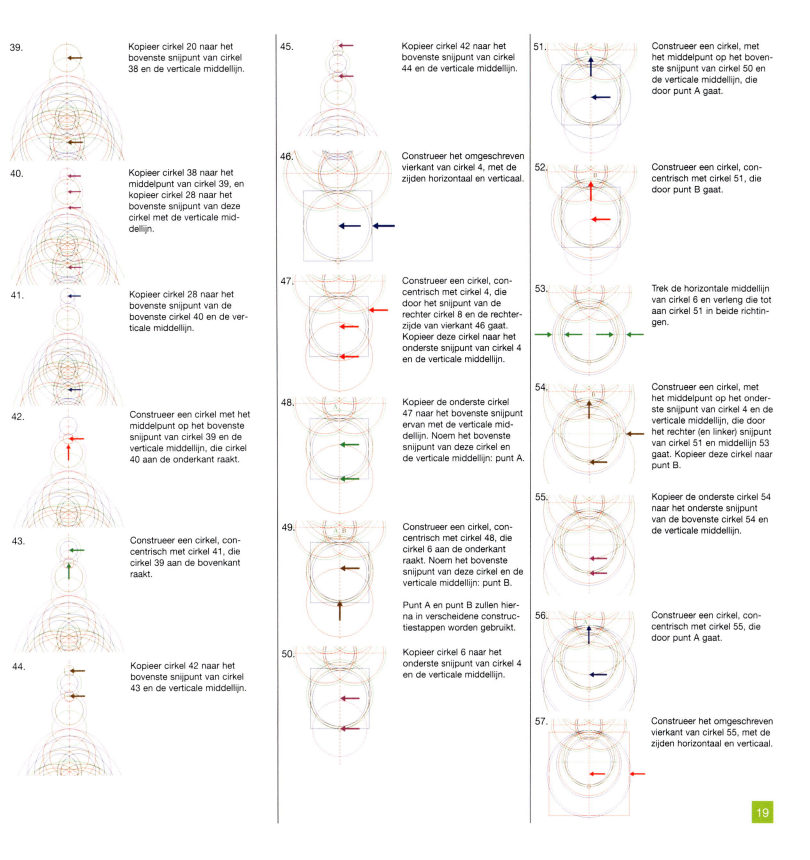

58. 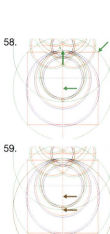 Construeer de omgeschreven cirkel van vierkant 57. Kopieer deze cirkel naar punt A.

59. 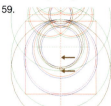 Kopieer de onderste cirkel 58 naar het onderste snijpunt van de bovenste cirkel 58 en de verticale middellijn.

60. 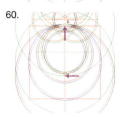 Construeer een cirkel, concentrisch met cirkel 59, die door punt B gaat.

61. 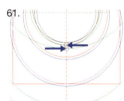 Kopieer cirkel 14 naar het onderste snijpunt van de bovenste cirkel 58 en de verticale middellijn.

62. 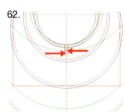 Kopieer cirkel 61 naar het onderste snijpunt ervan met de verticale middellijn.

63. 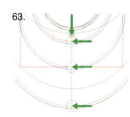 Construeer een cirkel, met het middelpunt op het onderste snijpunt van cirkel 52 en de verticale middellijn, die door het middelpunt van cirkel 62 gaat. Kopieer deze cirkel twee keer, naar de onderste snijpunten van respectievelijk de cirkels 55 en 60, beide met de verticale middellijn.

64. 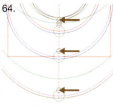 Kopieer cirkel 14 twee keer, naar de bovenste snijpunten van de onderste twee cirkels 63 en de verticale middellijn.

65. 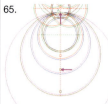 Construeer een cirkel, concentrisch met de bovenste cirkel 64, die door punt A gaat.

66. 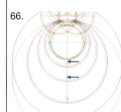 Kopieer cirkel 65 naar het bovenste snijpunt van cirkel 62 en de verticale middellijn.

67. 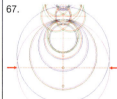 Trek de horizontale middellijn van cirkel 65.

68. 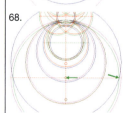 Construeer een cirkel, concentrisch met cirkel 65, die door het rechter (en linker) snijpunt van cirkel 66 en middellijn 67 gaat.

69. 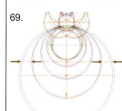 Trek de horizontale middellijn van cirkel 59, en verleng die tot aan cirkel 65 in beide richtingen.

70. 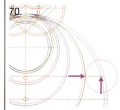 Construeer een cirkel, met het middelpunt op het rechter snijpunt van cirkel 68 en middellijn 69, die cirkel 59 aan de dichtstbijzijnde kant raakt.

71. 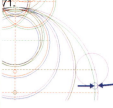 Construeer een cirkel, met het middelpunt op het onderste snijpunt van cirkels 68 en 70, die cirkel 65 aan de dichtstbijzijnde kant raakt.

72. 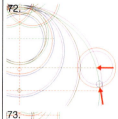 Construeer een cirkel, concentrisch met cirkel 70, die cirkel 71 aan de onderkant raakt.

73. 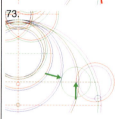 Construeer een cirkel, met het middelpunt op het (linker) snijpunt van cirkel 72 en middellijn 69, die cirkel 56 aan de dichtstbijzijnde kant raakt.

74. 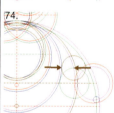 Construeer een cirkel, met het middelpunt op het bovenste snijpunt van cirkels 60 en 73, die cirkel 56 aan de dichtstbijzijnde kant raakt.

75.  Kopieer cirkel 71 naar het onderste snijpunt van cirkels 60 en 74.

76. 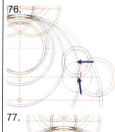 Construeer een cirkel, concentrisch met cirkel 74, die cirkel 75 aan de onderkant raakt.

77. 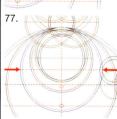 Trek de horizontale middellijn van cirkel 56.

78.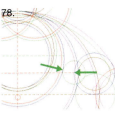
Construeer een cirkel, met het middelpunt op het (linker) snijpunt van cirkel 76 en middellijn 77, die cirkel 51 aan de dichtstbijzijnde kant raakt.

79.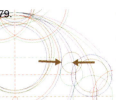
Construeer een cirkel, met het middelpunt op het bovenste snijpunt van cirkels 55 en 78, die cirkel 51 aan de dichtstbijzijnde kant raakt.

80.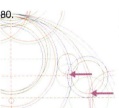
Kopieer cirkel 75 naar het onderste snijpunt van cirkels 55 en 79.

81.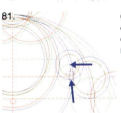
Construeer een cirkel, concentrisch met cirkel 79, die cirkel 80 aan de onderkant raakt.

82.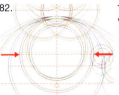
Trek de horizontale middellijn van cirkel 51.

83.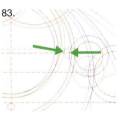
Construeer een cirkel, met het middelpunt op het (linker) snijpunt van cirkel 81 en middellijn 82, die cirkel 48 aan de dichtstbijzijnde kant raakt.

84.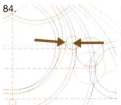
Construeer een cirkel, met het middelpunt op het bovenste snijpunt van cirkels 52 en 83, die cirkel 48 aan de dichtstbijzijnde kant raakt.

85.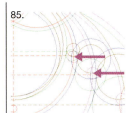
Kopieer cirkel 80 naar het onderste snijpunt van cirkels 52 en 84.

86.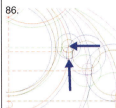
Construeer een cirkel, concentrisch met cirkel 84, die cirkel 85 aan de onderkant raakt.

87.
Kopieer cirkels 70, 72, 74, 76, 79, 81, 84 en 86, en spiegel deze daarbij als één geheel ten opzichte van de verticale middellijn

88.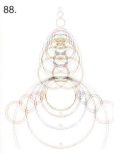
Voor de uiteindelijke reconstructie zijn de volgende cirkels nodig: 1, 2, 4, 7, 8, 11, 13, 16, 17, 18, 19, 20, 22, 23, 24, 25, 26, 29, 33, 34, 35, 36, 37, 39, 41, 45, 48, 49, 51, 52, 55, 56, 59, 60, 62, 64, 65, 68, 70, 72, 74, 76, 79, 81, 84, 86 en 87.

89.
Laat alle delen weg, die in de formatie zelf niet te zien zijn.

90.
Kleur alle gebieden, die overeenkomen met staand ...

91.
...dan wel met liggend gewas. Hiermee is de reconstructie van de Milk Hill formatie van 26-06-2004 voltooid.

92.
Het uiteindelijke resultaat gepast op de luchtfoto.

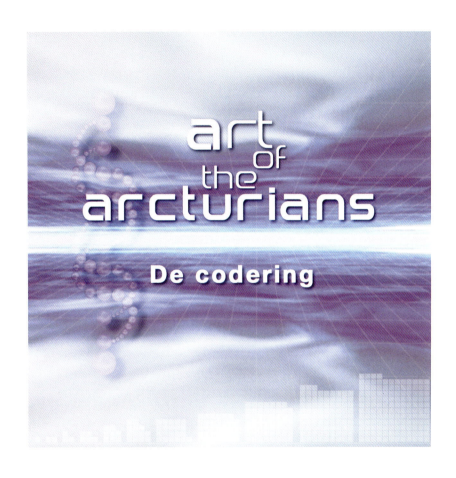

Gevonden op 5 augustus 2001

Knap Hill, bij Alton Priors,
Wiltshire, Engeland

Fotografie: Janet Ossebaard

Third Wave

De energie van **de Derde Golf**
maakt je bewust van je keuze
om hier op Aarde te zijn.

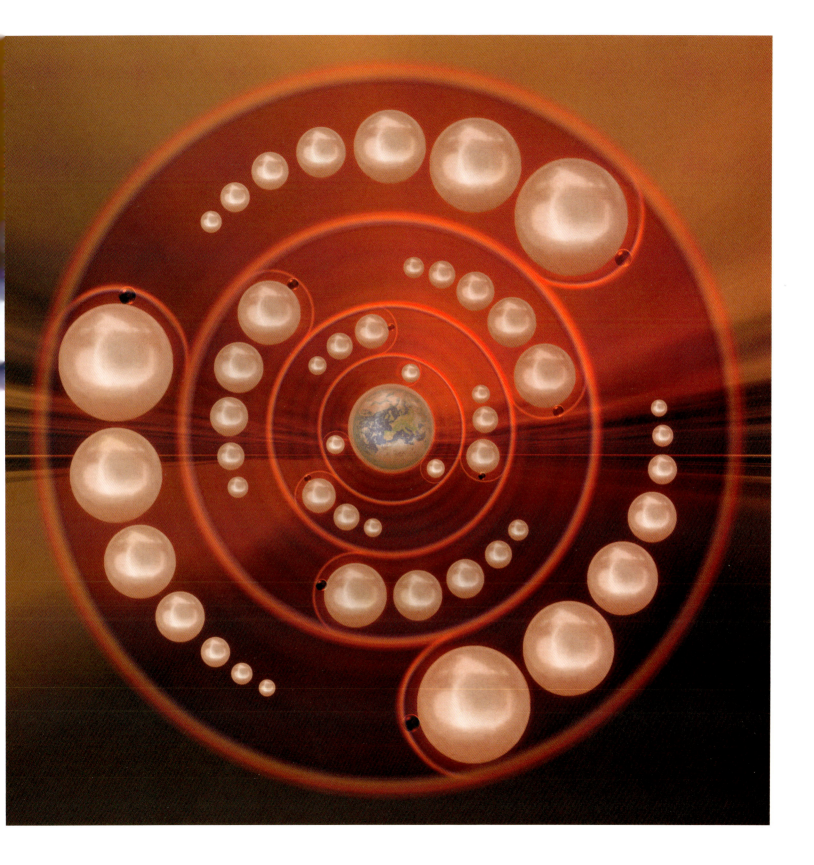

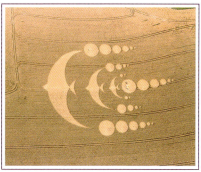

Gevonden op 4 augustus 2003

Walkers Hill, bij Alton Barnes, Wiltshire, Engeland

1. Fotografie: Bert Janssen
2. Fotografie: Roeland Beljon

Transition

De energie van **Overgang**
zendt vertrouwen uit en
bereidt je voor op
nieuwe tijden.

Gevonden op 17 juni 2003

Highdown Farm, bij Pirton,
Hertfordshire, Engeland

Fotografie: Steve Alexander

Contact

De energie van **Contact** laat je voelen
dat alle deuren naar je
   innerlijke Bron opengaan als jij je
overgeeft en als water meegaat
   met de stroom.

Gevonden op 22 juli 2001

Yatesbury, bij Avebury Trusloe, Wiltshire, Engeland

Fotografie: Bert Janssen

Communication

De energie van **Communicatie** maakt
je ervan bewust dat je kunt
communiceren met je lichaam.
Zo zul je sneller een
signaal van je lichaam begrijpen
en de eventuele ongemakken
daarvan oplossen.
Deze energie brengt lichaam en
geest dieper met elkaar in contact.

Gevonden op 4 juli 2003

Yatesbury, bij Avebury Trusloe, Wiltshire, Engeland

Fotografie: Steve Alexander

Surrender

De energie van **Overgave** helpt je
om naar je hart en je voelen te gaan.
Overgave is nodig voor het loslaten
van oude patronen die je
verhinderen om je hart open te stellen.
Overgave laat angst verdwijnen.

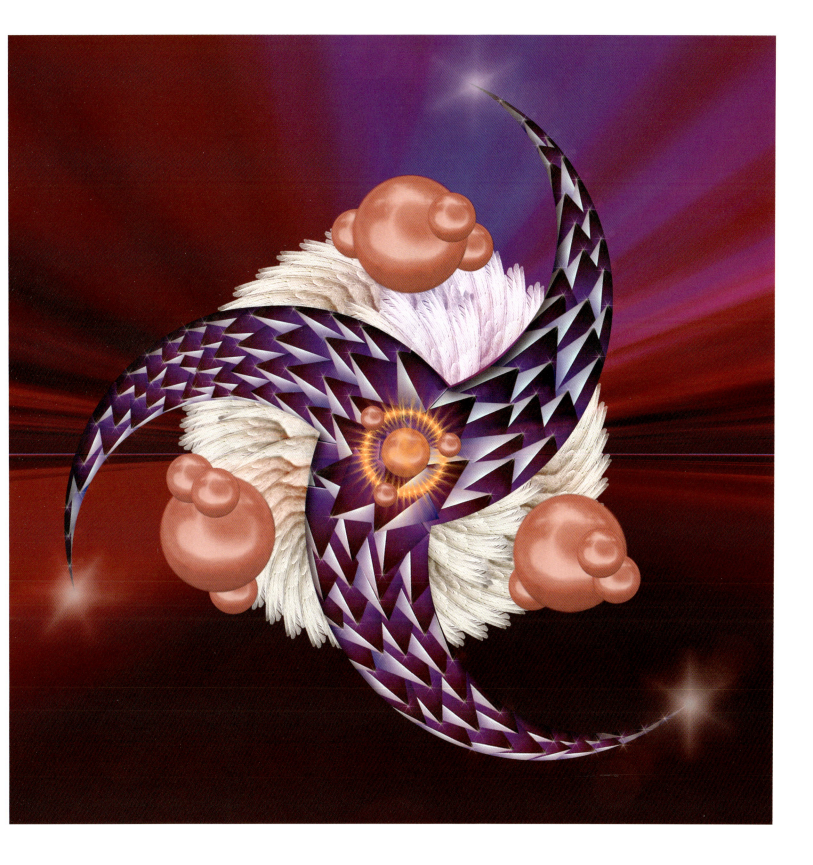

Gevonden op 28 juli 2002

Avebury Stone Circle, bij Avebury, Wiltshire, Engeland

1. Fotografie: Janet Ossebaard
2. Fotografie: Bert Janssen

Illusion

De energie van **Illusie**
 laat je voelen dat je alleen
 veiligheid in jezelf kunt vinden.
  Alle andere strohalmen kun je
loslaten, want het zijn
 schijnzekerheden.

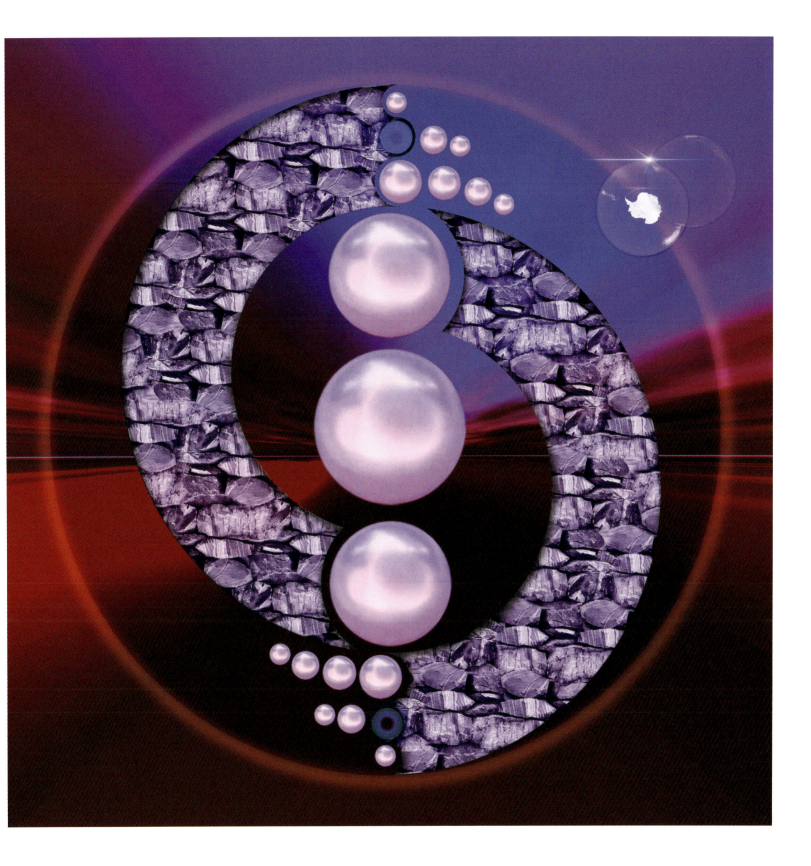

Gevonden op 20 juli 2003

Hackpen Hill, bij Winterbourne Bassett, Wiltshire, Engeland

Fotografie: Bert Janssen

Integration

De energie van **Integratie**
helpt je bij het toepassen in je
dagelijks leven van je nieuw
verworven waarheden.
De energie laat je de
verantwoordelijkheid voor je
doen en laten voelen.

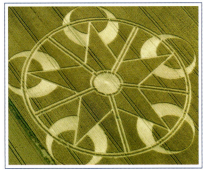

Gevonden op 13 juli 2003

Avebury Trusloe, bij Avebury, Wiltshire, Engeland

Fotografie: Bert Janssen

Liberation

De energie van **Bevrijding** geeft je de
kracht om de oordelen over jezelf
       in liefde los te laten.
De vrijheid die ontstaat,
       versterkt je eigenwaarde.

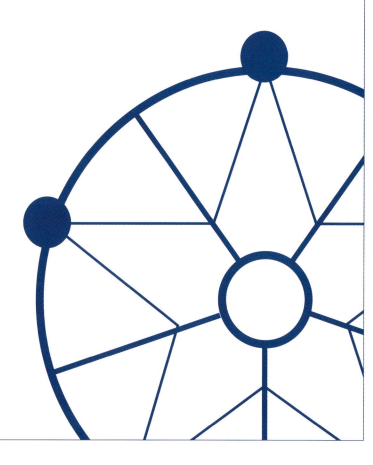

Gevonden op 29 juni 2003

Sharpenhoe, bij Barton Le Clay, Bedfordshire, Engeland

Fotografie: Steve Alexander

Enlightenment

De energie van **Verlichting** doet je beseffen dat je een wezen bent dat licht in zich draagt.
Je bent de personificatie van kracht en goddelijkheid.

Gevonden op 24 juli 1999

Provincie Zeeland
Nederland

Fotografie: Joop van Houdt

Release

De energie van **Loslaten** laat de
ware jij zien en neemt
de vooroordelen over jezelf weg,
waardoor je denkpatronen
veranderen en je hersenen
je DNA gaan aansturen
om zich te ontwikkelen.

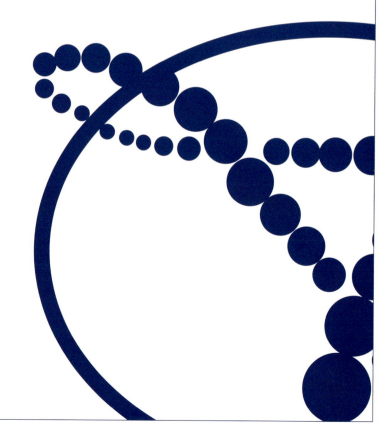

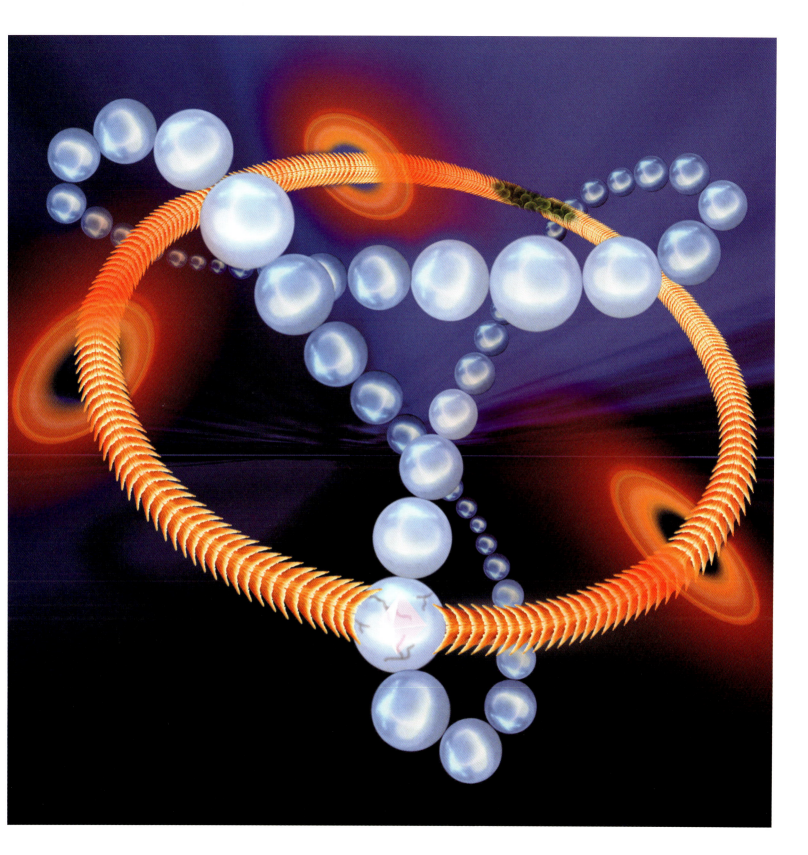

Gevonden op 20 juli 2003

West Stowell, bij Huish, Wiltshire, Engeland

Fotografie: Bert Janssen

Wisdom

De aarde-energie van **Wijsheid**
trekt je in je lichaam.
Daardoor heb je beter toegang
tot je eigen vermogens van innerlijke
wijsheid en weten.

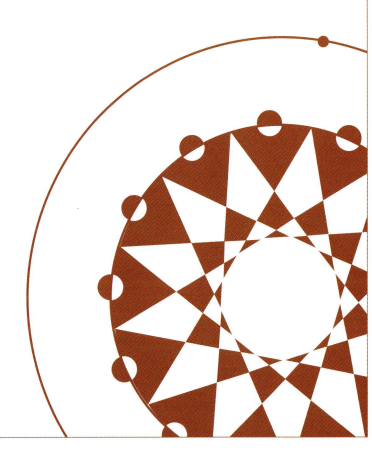

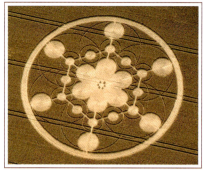

Gevonden op 22 juli 2003

Scrope Wood, bij Marlborough, Wiltshire, Engeland

Fotografie: Bert Janssen

Awareness

De energie van **Bewustwording**
  laat je voelen dat je deel uitmaakt
van een groter geheel.
  Het houdt je in het hier en nu
en maakt je alert.

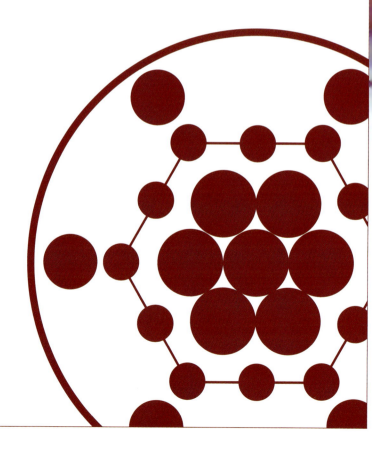

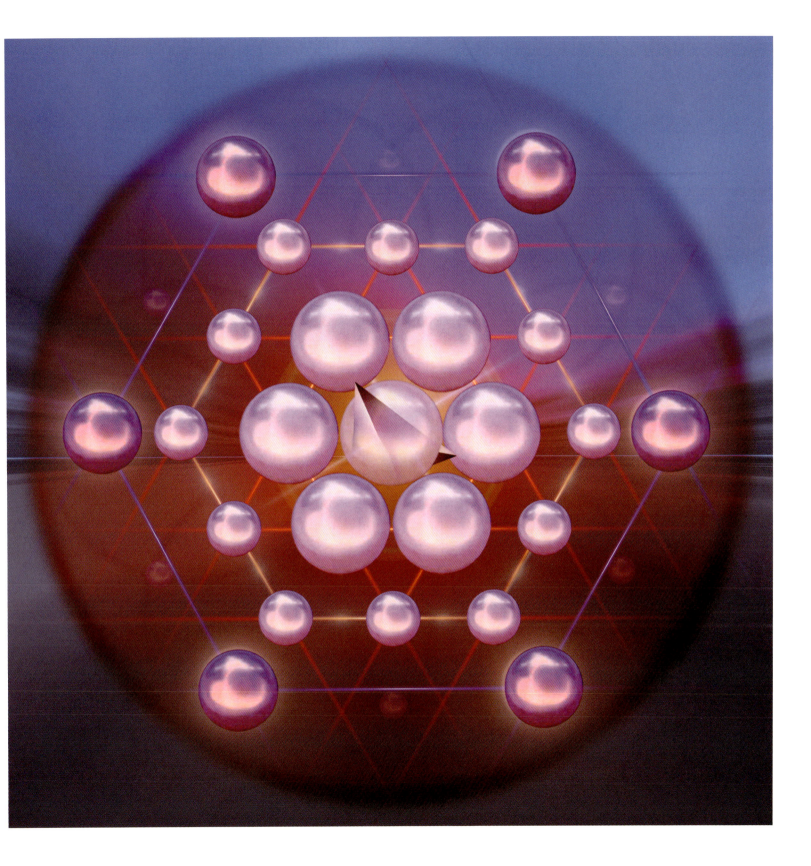

Gevonden op 18 juli 2003

Weyhill, bij Andover,
Hampshire, Engeland

Fotografie: Steve Alexander

Connected

De energie van **Verbinding** helpt je bij
het verbinding maken
vanuit je hart met je hoger zelf.
Luister naar deze innerlijke wijsheid.

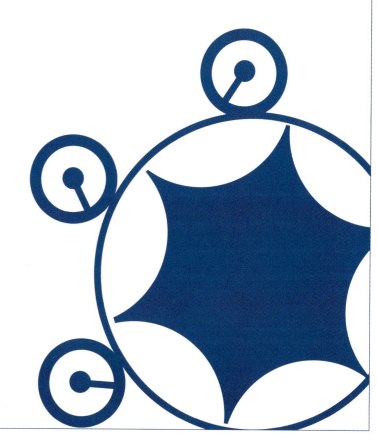

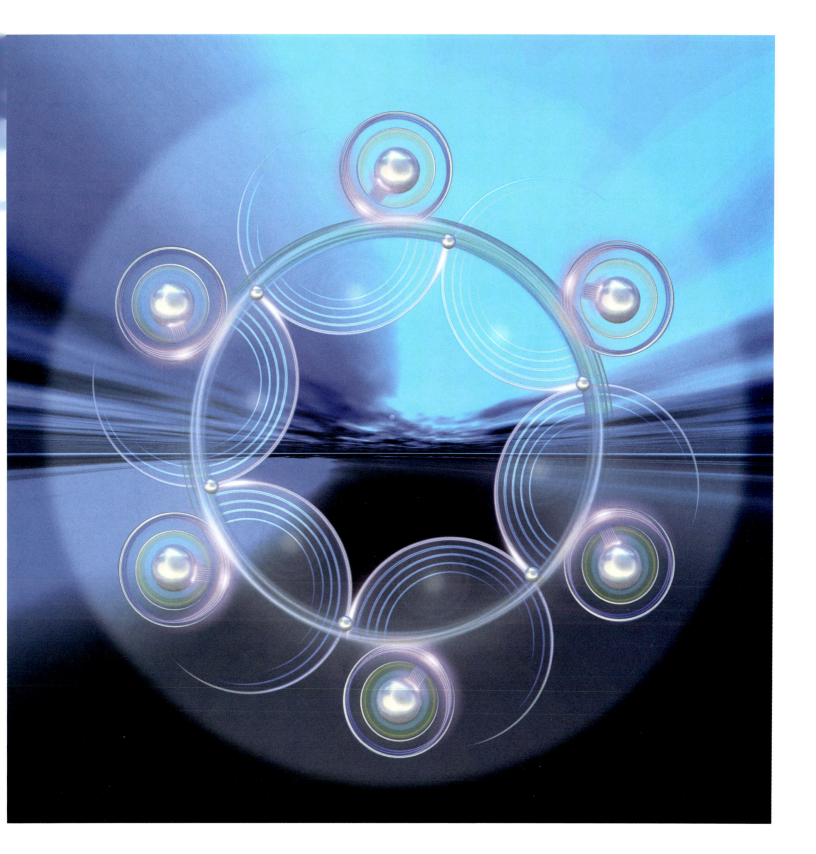

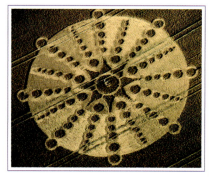

Gevonden op 28 juli 2001

Old Shaw Village, bij Lockeridge, Wiltshire, Engeland

Fotografie: Bert Janssen

Loyalty

De energie van **Loyaliteit** helpt je
om trouw te blijven aan jezelf,
maar dan moet je soms ontrouw zijn
aan een ander,
zelfs al is het een goede vriend.
Als je dat geleerd hebt, kun je met
hart en ziel dienstbaar zijn zonder
jezelf te kort te doen.

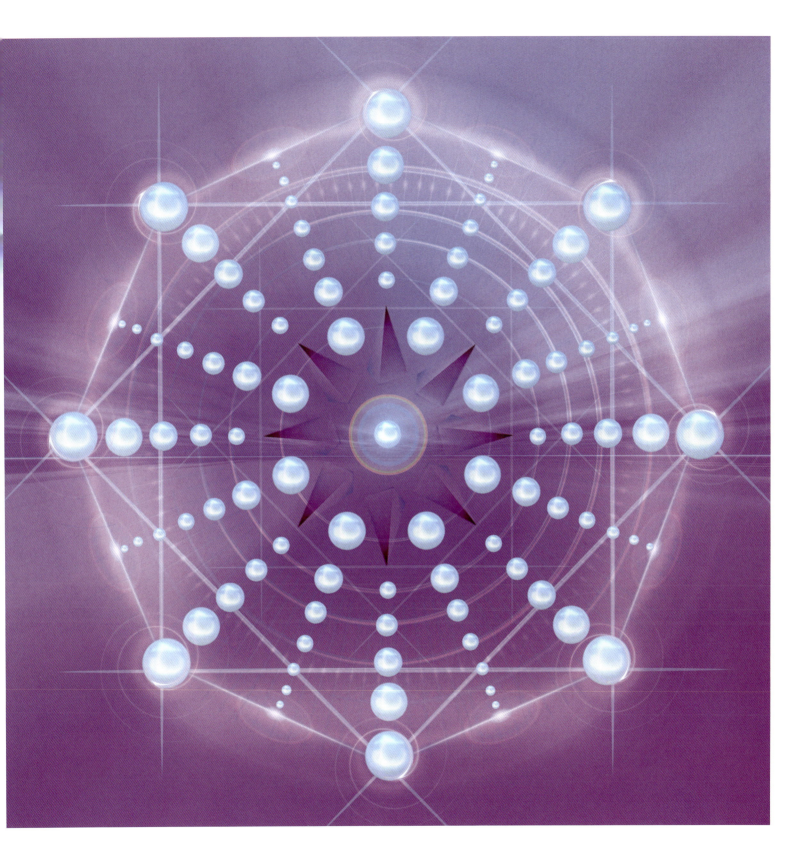

Gevonden op 22 juli 2001

Lane End Down, bij Kilmeston, Hampshire, Engeland

Fotografie: Steve Alexander

Openness

De energie van **Openheid** helpt
ons eerlijk en open naar onszelf te kijken.
Vaak werken onbewust allerlei
saboteurs tegen, waardoor we niet eerlijk
durven voelen wat ons
werkelijk bezighoudt.
Deze energie helpt ons om de
saboteurs te onderkennen en
daarna onszelf op een
dieper niveau te ervaren.

Gevonden op 18 augustus 1997

Hackpen Hill, bij Broad Hinton, Wiltshire, Engeland

Fotografie: Steve Alexander

Intention

De energie van **Intentie** helpt
je om je keuzes te bekrachtigen.
Dat je gaat vertrouwen op de keuzes
die je maakt, in de wetenschap
dat het voor jou de juiste keuzes zijn.

Gevonden op 7 juni 2003

Windmill Hill, bij Avebury, Wiltshire, Engeland

Fotografie: Steve Alexander

Duality

De energie van **Dualiteit** helpt je
om met de dualiteit in jezelf
vrede te sluiten.
Dan ben je in balans,
in eenheid en in harmonie,
om je weg in een kosmisch bewustzijn
te vervolgen en door middel van
genieten en spelen het leven
te ontdekken.

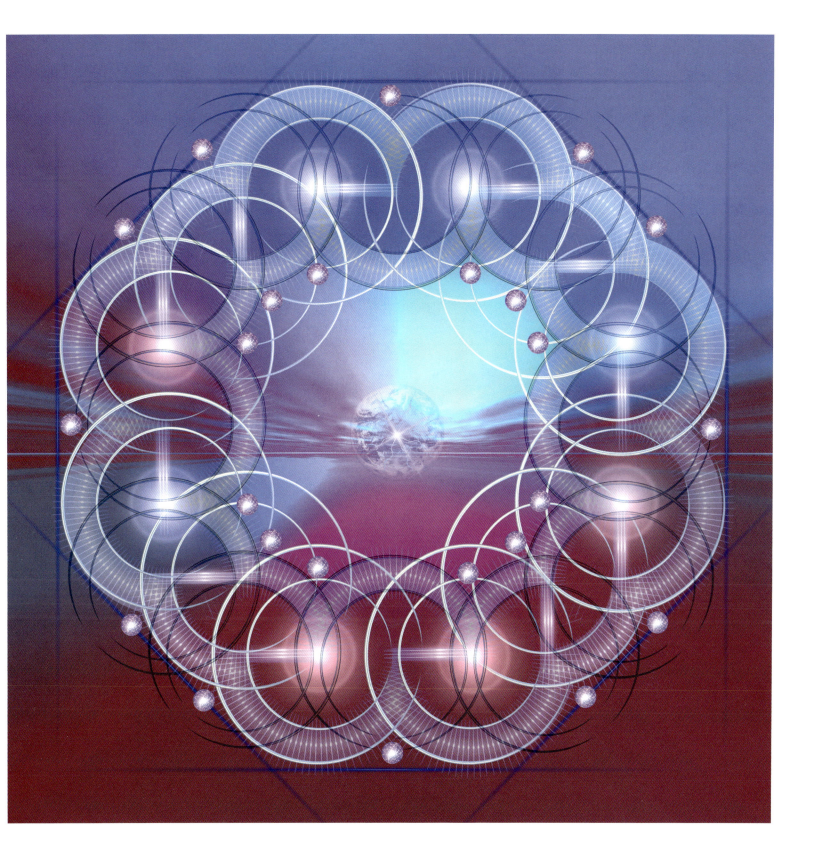

Gevonden op 28 mei 2004

Loose Bottom, bij Falmer,
East Sussex, Engeland

Fotografie: Steve Alexander

Balance

De energie van **Balans** helpt je
jezelf erkennen.
Als je bij je gevoel blijft,
je eigen waarheid erkent,
zul je door niets uit balans
kunnen worden gebracht.

Gevonden op 26 juli 2002

Ivinghoe Beacon, bij Dunstable, Buckinghamshire, Engeland

Fotografie: Andrew King

Healing

De energie van **Heling** helpt je
eerst jezelf te helen,
waarna je als een steen in het water
je omgeving heelt.

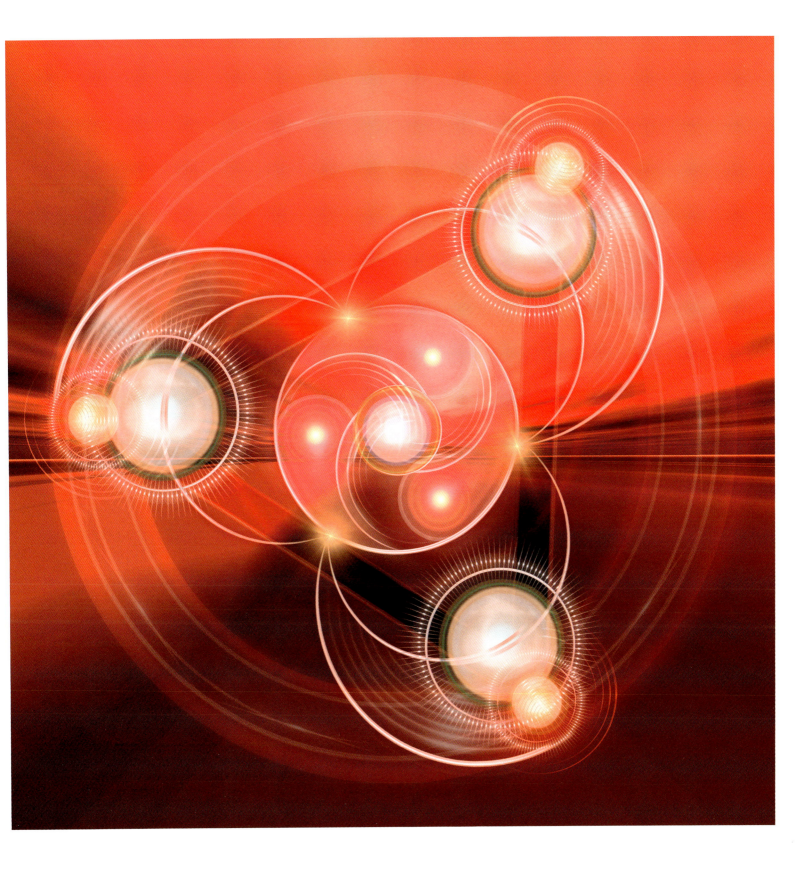

Gevonden op 16 juni 2004

Honey Street, bij Alton Barnes, Wiltshire, Engeland

1. Fotografie: Bert Janssen
2. Fotografie: Roeland Beljon

Forgiveness

De energie van **Vergeving** helpt je
bij je kracht te komen om jezelf
te vergeven daar waar je een
oordeel hebt naar jezelf toe.
Vergeef jezelf omdat je vaak handelt
vanuit je kennis van dat moment.
Je kunt niets fout doen.
Vergeving laat je inzien dat er niets
te vergeven valt.

Gevonden op 26 juni 2004

Milk Hill, bij Alton Barnes, Wiltshire, Engeland

1. Fotografie: Bert Janssen
2. Fotografie: Roelnad Beljon

Frequency

De energie van **Frequentie** helpt je
om in je eigen energie te blijven.
Vaak conformeren we ons
aan de ander, waardoor we
ons willen verlagen of verhogen
tot een frequentie
die niet bij ons past.

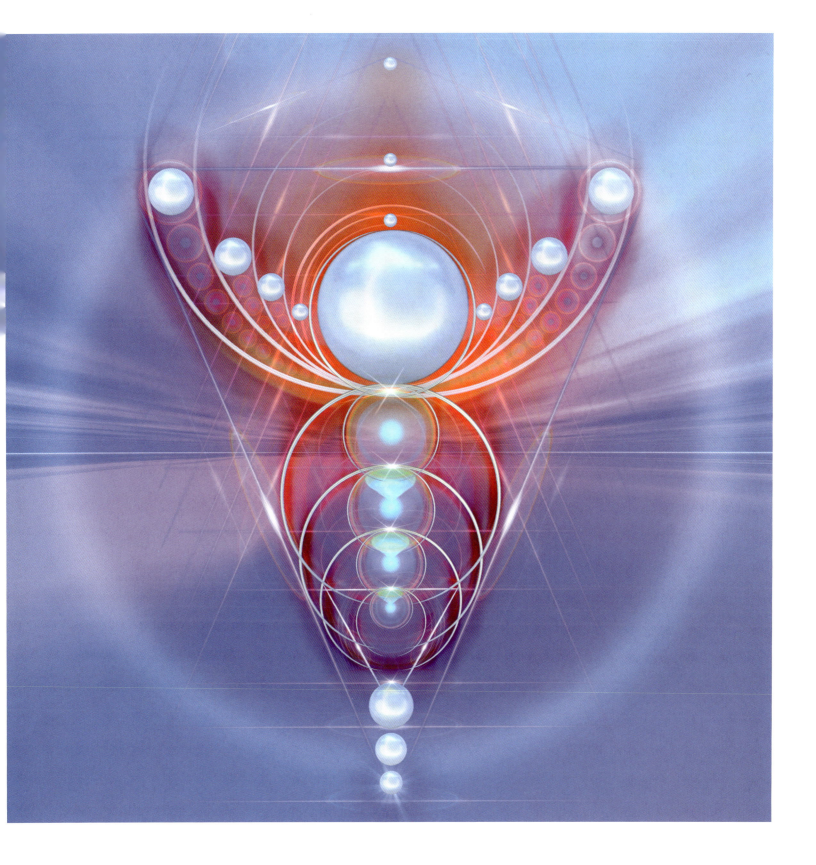

Gevonden op 17 juli 2004

Windmill Hill, bij Avebury Trusloe, Wiltshire, Engeland

1. Fotografie: Steve Alexander
2. Fotografie: Annemieke Witteveen

Rebirth

De energie van **Wedergeboorte** helpt
je al het oude los te laten.
Het helpt je vertrouwd te raken met
al het nieuwe,
zodat je sneller aan je nieuwe
werkelijkheid kunt wennen.

Gevonden op 28 juli 2004

Tan Hill, bij Stanton St Bernard, Wiltshire, Engeland

1. Fotografie: Bert Janssen
2. Fotografie: Roeland Beljon

Emergence

De energie van **Ontpoppen** helpt je
zonder twijfel en onzekerheid
nu volledig uit je cocon te stappen,
je vleugels uit te slaan en
te laten zien
wie je werkelijk bent.

Gevonden op 2 augustus 2004

Silbury Hill, bij Beckhampton, Wiltshire, Engeland

Fotografie: Bert Janssen

Timeshift

De energie van **Tijdverschuiving**
helpt je herinneren dat je meer
ervaringen achter je hebt liggen
dan voor je.
De tijd lijkt steeds sneller te gaan
richting 2012.
Deze energie helpt je het gevoel
los te laten dat je nergens
meer genoeg tijd voor hebt.
Er is nog tijd genoeg ...

Het jaartal 2012

De tijd verschuift

Het graancirkelseizoen is voor velen elk jaar weer spannend. Zo worden elk jaar begin september de laatste velden gemaaid, het canvas is dan verdwenen. De meningen over de verschillende formaties lopen elk jaar weer uiteen, maar de meeste mensen zijn het er wel over eens welke formaties de mooiste van het seizoen zijn, zoals het hoogtepunt van 2004. Verspreid over twee nachten (2 en 3 augustus 2004) verscheen de Maya-formatie bij Sillbury Hill in Zuid-Engeland. Wat heeft deze prachtige graancirkel ons te vertellen?

fotografie: Steve Alexander

Toen ik mij concentreerde op deze prachtige formatie verschenen meteen de eerste beelden. Het begon me te duizelen; ik had het gevoel dat de tijd vertraagde maar tegelijkertijd ook versnelde. Alle gevoel voor tijd raakte ik kwijt …

Deze graancirkel ondersteunt ons bij het evolutieproces van de mensheid en de Aarde in onze reis naar een volgend bewustzijnsniveau met als omslagpunt 2012. Er zijn vele verhalen over dit jaartal. Sommigen denken dat alles hier ophoudt, anderen voorspellen de terugkeer van grote meesters. Volgens Saïe valt het allemaal mee, mits we ons bewuster worden van wie we zijn en waarom we hier zijn. Als we ons verzetten tegen de veranderende energie op Aarde, zal er verwarring en grote vermoeidheid in de mens ontstaan. Vele volkeren die een hoger bewustzijn hadden ontwikkeld wisten dit. Voorbeelden hiervan zijn de Maya's, de Druïden en de Kelten; zij begrepen wat er gaande was. Het is niet voor niets dat bijvoorbeeld de Maya-telling c.q. -kalender in december 2012 stopt.

Die boodschap vinden we ook terug in deze graancirkel. Het is een stimulans om ons over te geven aan de stroom en vertrouwen te hebben in onze eigen kracht. Om bewuster te worden en onszelf regelmatig af te vragen wat we werkelijk voelen en wat we werkelijk willen. Als we ons durven over te geven aan wat we echt voelen en willen, zullen we minder last ondervinden van de bijwerkingen van dit evolutieproces. Het is een tijd van creëren.

Daarnaast hebben we allemaal wel eens het gevoel dat de tijd steeds sneller gaat, net of we in een tijdsspiraal zitten. Saïe vertelde dat dit te maken heeft met ons evolutieproces en dat we bewuster worden. We zijn al vele keren geïncarneerd en hebben meer levens achter ons dan voor ons. De tijd die voor ons ligt voelt – onbewust – korter. We hebben daardoor ook allemaal de neiging nog zoveel te willen doen. 'Tijd te kort!' denken we. Het hologram dat verscheen bij deze graancirkel heet dan ook 'Tijdsverschuiving'. Alles in ons leven is een keuze. Hoe kijken we? Hoe voelen we? Denken we dat we tijd tekort hebben, dan zullen we – via onze zich steeds sterker ontwikkelende gedachtekracht – telkens de bevestiging krijgen dat we tijd tekort hebben. Als we ons realiseren dat we van alles genoeg hebben, ook van tijd, dan zullen we de bevestiging krijgen dat we genoeg tijd hebben. Daardoor zullen we sneller groeien en bewuster voorbereid worden op de verschuiving van 2012. We zullen door de rust die in ons ontstaat meer kunnen genieten van al onze creaties, van de mooie dingen om ons heen.

fotografie: Bert Janssen

Een laatste boodschap die Saïe wil meegeven bij deze graancirkel is dat we ons ervan bewust moeten worden dat we allemaal scheppers zijn en dat we – door de veranderende trilling en energie – weer in onze kracht beginnen te komen. We mogen ons weer herinneren wie we werkelijk zijn. Daarom waarschuwt hij ons: let op wat je denkt. Onze gedachtekracht ontwikkelt zich sneller dan we ons kunnen voorstellen. De cirkel van gedachtekracht is het creëren van bevestigingen. De mens is door de eeuwen heen geneigd bij alles wat hem overkomt van het negatieve uit te gaan. Dan zal het negatieve ook bevestigd worden. Met andere woorden: we kunnen alles bevestigd krijgen wat we willen! Realiseer je wat een cadeau dit is! Laten we dus onze gedachten in de gaten houden, want als we bewuster in het leven gaan staan kunnen we de hemel op aarde creëren. Dat zou ik graag bevestigd willen zien. Ik ga ervoor, wie gaat er mee?

Gevonden op 13 augustus 2001

Milk Hill, bij Alton Barnes, Wiltshire, Engeland

Fotografie: Janet Ossebaard

Confirmation

De energie van **Bevestiging** vertelt ons dat ons bewustzijn zich in snel tempo ontwikkelt.
Alles wat we denken krijgen we ook daadwerkelijk bevestigd.
Als we vanuit angst denken of leven, dan zal deze angst ook bevestigd worden.
Ontwikkel je gedachtekracht en creëer wat je werkelijk wilt.
Dan zul jij je wensen bevestigd krijgen.

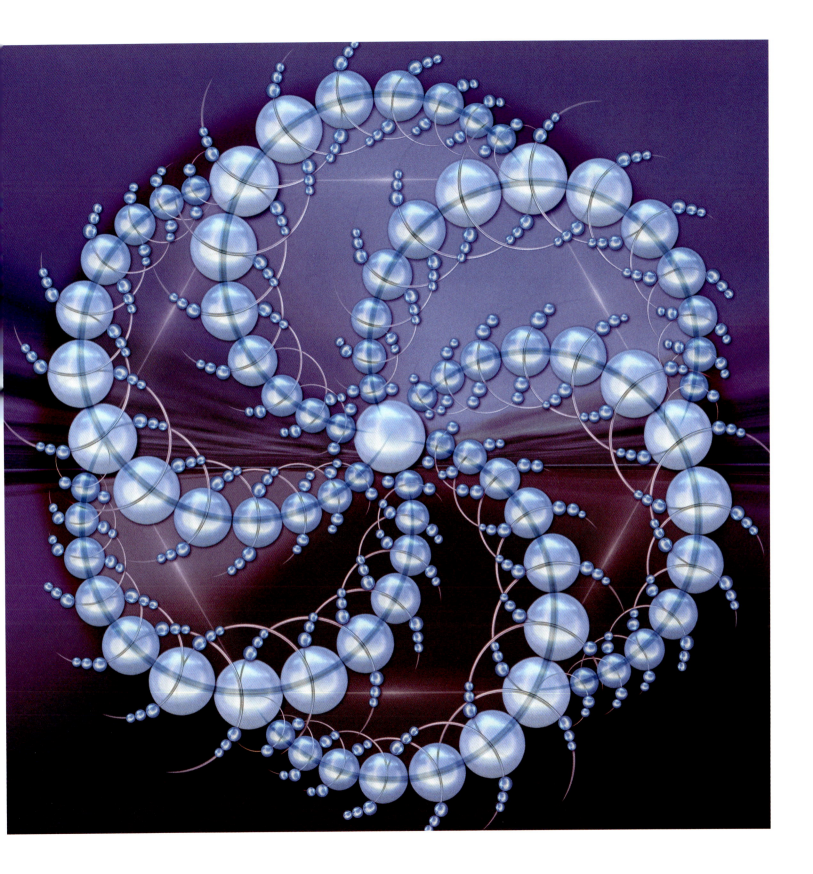

Gevonden op 6 juli 2003

Green Street, bij Avebury, Wiltshire, Engeland

Fotografie: Bert Janssen

Recognition

De energie van **Erkenning** helpt je
anders naar jezelf te kijken.
Vaak hebben we veel zelfkritiek, hetgeen
onze eigenwaarde negatief beïnvloedt.
Angst is vaak de grote blokkade
om datgene te doen wat we echt willen.
Erken jezelf!

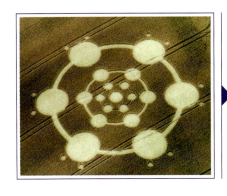

Gevonden op 14 juli 2004

The Pilgrim's Way, Burham,
bij Maidstone Kent, Engeland

Fotografie: Andrew King

Blueprint

We hebben allemaal een **Blauwdruk**,
een eigen programma,
meegenomen naar dit leven op Aarde.
Om weer volledig in balans te komen
zullen we terug moeten
naar ons basisprogramma,
om vanuit het nulpunt ons juiste
pad te vervolgen.
De energie van Blauwdruk helpt je
jouw programma's op te schonen
en datgene te verwijderen wat niet
meer bij je hoort en geen doel meer dient.

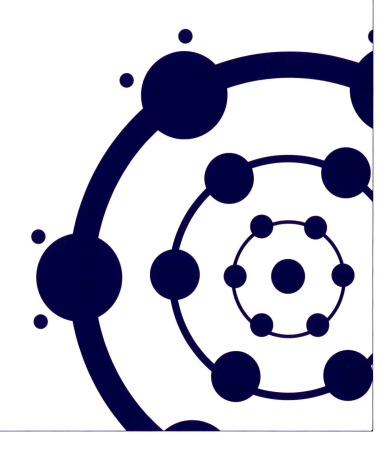

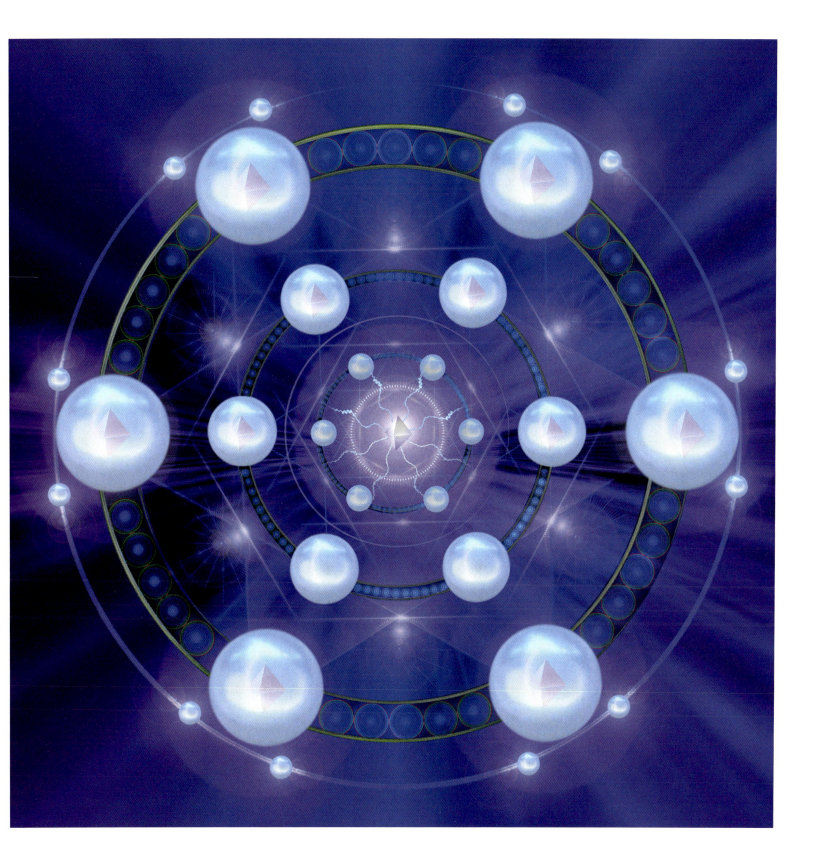

Gevonden op 30 juli 2004

Nashenden Farm, Wouldham, bij Rochester, Kent, Engeland

Fotografie: Bert Janssen

Freedom

De energie van **Vrijheid** helpt je
bij het bereiken van je eigen vrijheid.
Veelal zoeken we vrijheid buiten onszelf.
Daardoor voelen we ons
vaak opgesloten en zitten we vast.
Vrijheid heeft niets te maken met de
omstandigheden om je heen; het is
een emotie die alleen in
jezelf te vinden is.

Gevonden op 1 mei 2005

Golden Ball Hill, bij Alton Barnes,
Wiltshire, Engeland

Fotografie: Steve Alexander

Remember

De energie van **herinneren** helpt je
om bij je diepere weten te komen,
daar waar je ware kracht zit.
We denken vaak iets niet te kunnen
of denken dat we er nog niet aan toe zijn.
Weet dat je alle kracht in je hebt,
je hoeft het je alleen maar
te herinneren.

Nawoord

Een grote verschuiving in mijn leven

Soms heb ik het gevoel dat ik even stil wil staan bij alles wat ik doe, maar nu ik dit nawoord schrijf, besef ik pas écht wat er allemaal is gebeurd het afgelopen jaar. Het is bijna niet te bevatten: gebeurt er dit met je als je met passie en overgave werkt? Ik zit in een stroom die niet lijkt te stoppen en het gekke is dat ik mij bijna schuldig voel. Het gaat zo makkelijk, niets kost moeite. Ik ben gewend dat ik moet knokken voor datgene dat ik wil doen of neerzetten.

In mei 2004 gaf ik de eerste presentatie 'De Kunst van Graancirkelcodes beleven'. Ik had een kerkje in Bennekom gehuurd en het op mijn website gezet. Mijn idee was om een proefpresentatie- en activatie met wat vrienden en bekenden te doen. Ik hoopte dat het goed zou worden ontvangen en wilde daarna nog drie avonden organiseren in het najaar. Ik wilde rustig beginnen en voor geïnteresseerden aparte avonden organiseren. Wat er toen gebeurde, had ik zeker niet verwacht; ik verwachtte überhaupt niets. Ik voelde voor het eerst in mijn leven échte passie. Er kwam aandacht voor de presentatie in kranten en tijdschriften. Er kwam een presentatie in Engeland, midden in het graancirkelgebied en in plaats van de geplande drie presentaties in het najaar werden het er twintig en het was vol!

Wat ik ook niet gepland had, was het openen van een galerie. Het kwam terloops ter sprake en voor ik het wist was er een pandje beschikbaar in Amsterdam en niet veel later was de galerie al geopend. Een ander mooi voorbeeld was het bericht van mijn uitgever Ankh-Hermes; ze wilden namelijk een boek uitgeven over mijn werk. Nu ik het nawoord voor dit boek schrijf, staan er exposities gepland in San Francisco en Rome en zijn er presentatie-aanvragen uit binnen- en buitenland. Is dit wat er gebeurt als je je in vertrouwen overgeeft aan je passie? Ja, zeg ik nog voorzichtig, maar het voelt wel zo.

Dit gevoel wil ik graag met jullie delen: voel passie, ervaar passie, vertrouw en geef je over. Dan kan het niet anders of er wordt een stroom in gang gezet die onvoorstelbaar is.

Door mijn werk heb ik prachtige mensen mogen ontmoeten; wat een rijkdom! Zonder de steun en inspiratie van velen had ik dit niet in vertrouwen kunnen volhouden. Regelmatig steken bij mij ook nog oude patronen de kop op vanuit angst en onzekerheid. Daarom wil ik iedereen bedanken die de presentaties, de website en de galerie hebben bezocht en lieve berichtjes hebben achtergelaten. Dat zijn de echte cadeautjes. Ik hoop nog veel met jullie te mogen delen en hoop dat jullie genieten van dit boek. Ik heb het met liefde, passie en overgave samengesteld.

Van hart tot hart,
Janosh

Dankwoord

Dit boek wil ik graag afsluiten met een dankwoord. Zonder deze mensen was het onmogelijk om dit boek in deze vorm te maken.

Bert Janssen

Bert Janssen is specialist op het gebied van intermenselijke communicatie. Als trainer/coach met meer dan vijftien jaar ervaring in het bedrijfsleven, maar ook als fotograaf, filmer en auteur. In feite alle vormen waarmee mensen met elkaar kunnen communiceren. Daarnaast is hij al zijn gehele leven geïnteresseerd in grenswetenschappen, waarbij hij zich de laatste twaalf jaar vooral op graancirkels heeft gericht. Hij is vele malen in Engeland geweest om ter plekke onderzoek te doen. Bert heeft drie documentaires over graancirkels gemaakt, waarbij de laatste – Contact (dvd) – de 2002 EBE-Award in Laughlin, Nevada heeft gewonnen. In datzelfde jaar ontving Bert Janssen samen met Janet Ossebaard de prestigieuze Frontier Award. Berts interesse in graancirkels geldt voornamelijk hun intrigerende vormen en wat deze vormen met mensen doen, de communicatieve kracht van deze vormen. Bert heeft inmiddels een indrukwekkende fotocollectie van graancirkels opgebouwd. Deze foto's samen met zijn intensieve onderzoek naar en studie van vooral de geometrie van graancirkels, zijn in talloze boeken verwerkt. Zelf schreef hij *The Hypnotic Power of Crop Circles* dat in 2004 verscheen. Bert Janssen heeft lezingen gegeven in Nederland, Duitsland, België, Engeland en de USA. Meer info: www.bertjanssen.com

Roeland Beljon & Nancy Polet

Roeland Beljon zag zijn eerste graancirkel samen met zijn partner Nancy Polet bij Silbury Hill in 1994. Sindsdien hebben zij honderden graancirkels be(onder)zocht en duizenden foto's gemaakt, zowel in Engeland als in Nederland. De magische aantrekkingskracht van de figuren brengt Roeland en Nancy elke zomer naar de graanvelden van Wiltshire. Het hoogtepunt kwam voor Roeland in de vorm van de Milk Hill formatie in 2001. Met 409 cirkels en een doorsnede van enkele honderden meters bevestigde deze figuur wat hij al jaren wist, dit is een waar fenomeen. De vorm is het belangrijkste element van de graancirkels. Ernaar kijken brengt een verandering teweeg. De graancirkelcodes versnellen deze verandering. Contact met Roeland en Nancy via roeland.nancy@planet.nl

Steve Alexander

De graancirkelfoto's van fotograaf Steve Alexander verschenen in de afgelopen tien jaar reeds in verscheidene boeken, kranten, documentaires en bioscoopfilms over de hele wereld. Zijn prachtige jaarlijkse presentatie van de nieuwste graancirkels hebben velen geïnspireerd door de jaren heen. Het meest bekend werd Steve wellicht dankzij zijn Jaarboeken: elk jaar een nieuw graancirkelboek met een overzicht van de mooiste graancirkels van dat specifieke jaar. Voor meer informatie kunt u terecht op www.temporarytemples.co.uk

Janet Ossebaard

Janet Ossebaard (1966), van oorsprong communicatieconsultant, raakte in 1994 betrokken bij het graancirkelonderzoek. In eerste instantie was zij nog terughoudend en enigszins sceptisch, maar haar houding veranderde al gauw via openheid naar totale gefascineerdheid. Vanaf 1995 bracht zij alle zomermaanden door in Zuid-Engeland, de 'bakermat' van het graancirkelfenomeen. Later breidde haar onderzoek zich verder uit naar de Nederlandse en Duitse graancirkels. Zij bracht tal van formaties gedetailleerd in kaart, waarbij zij vreemde substanties, dode vliegen en andere anomalieën ontdekte.

In 2004 richtte Janet de stichting Circular Site op, met als doel het graancirkelfenomeen in de bekendheid te brengen door het geven van lezingen, workshops en interviews. Om haar werk en onderzoek te bekostigen startte zij de eerste (en tot op heden enige) graancirkelwinkel; eerst alleen als E-winkel op haar website, inmiddels ook als toeleverancier van graancirkelartikelen aan vele Nieuwe Tijdswinkels in binnen- en buitenland. www.circularsite.com

Janet over Graancirkels

Mijn betrokken raken bij dit fenomeen heeft mijn leven totaal veranderd, op zijn kop gezet en door elkaar geschud. Ik heb dingen meegemaakt die nauwelijks met woorden te beschrijven zijn. Na ruim tien jaar intensief onderzoek kan ik alleen maar concluderen dat de graancirkels een vorm van goddelijke interventie zijn. Zij verhogen het bewustzijn van mensen. Ze openen ons hart, ze verbreden onze horizon, ze maken ons ontvankelijk voor andere meningen, ideeën en opvattingen. Ze maken ons minder vooringenomen. Ze maken ons milder, liefdevoller naar onszelf en onze omgeving. En als we kijken naar de wereld en de enorme puinhoop die we ervan maken, denk ik werkelijk dat ze geen betere timing konden hebben!

Janet over de graancirkelcodes van Janosh

De hologrammen van Janosh raken mij diep. Ik was erdoor gegrepen vanaf het eerste moment dat ik ze zag. Ze voelden aan als de krachtigste graancirkel waarin ik ooit had gezeten! De kleuren, de kracht, de schoonheid: zoiets kan in mijn ogen alleen iemand creëren die volkomen is afgestemd op de Cirkelmakers, die informatie doorkrijgt en samenwerkt. Zijn kunst siert inmiddels ook mijn huis; dagelijks geniet ik van de warmte, liefde en kracht die ervan afstraalt. De energie van Janosh's kunst is honderd procent die van de graancirkels, maar dan nog eens geïntensiveerd ...

Annemieke Witteveen

Na het lezen van een boek wist Annemieke Witteveen zeker dat zij naar Engeland moest om graancirkels te gaan bestuderen. Het was alsof graancirkels datgene was waar zij haar hele leven al naar op zoek was geweest zonder dat zelf te weten. Inmiddels gaat zij jaarlijks naar Wiltshire voor de formaties én het contact met andere onderzoekers. In Engeland worden honderden foto's genomen en graan geplukt dat verwerkt wordt in (antroposofische) graancirkelpopjes.
De afgelopen periode is Annemieke bezig geweest aan 'Cirkeljagers', haar kinderboek over graancirkels.

Zij verzorgt ook regelmatig presentaties. Bij haar thuis hangt het grote hologram 'Transition/Swallows' dat zorgt voor rust en vertrouwen in de toekomst.
annepuppies@planet.nl

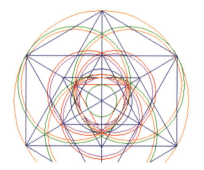

Zef Damen

Mijn interesse voor graancirkels is vooral gewekt tijdens een lezing van Benjamin Creme, de Schotse kunstschilder, die het verhaal van de wederverschijning van Maitreya de Christus (en de Meesters van Wijsheid) verspreidt (zie informatie op mijn website).
http://home.wanadoo.nl/zefdamen

Volgens hem (en ik vind zijn verhaal plausibel) is er een directe relatie tussen het verschijnen van graancirkels in de laatste decennia en deze wederverschijning. Verder heb ik altijd al iets gehad met geometrische patronen. Door reconstructies van onder anderen Bert Janssen na te construeren (en mijns inziens te verbeteren) kreeg ik de smaak te pakken. De belangrijkste reden om de reconstructies (sinds circa 1999) op een eigen website te zetten, is mensen ertoe te bewegen 'een tweede keer te kijken'; dat er beslist meer achter zit dan twee oude heertjes ('Doug en Dave') te zeggen hebben ...

Ik heb een technisch-wetenschappelijke achtergrond, en van daaruit vind ik een 'open' benadering belangrijk. Als ik meen een goede reconstructie te hebben gevonden, geef ik een zo volledig en eenduidig mogelijke weergave, die iedereen moet kunnen (na)volgen. Daarna laat ik zien hoe goed het resultaat past op 'het origineel', in mijn geval de luchtfoto (die niet aangepast mag zijn, 'onthoekt' o.i.d.). Dit laatste vind ik belangrijk; er verschijnen op internet ook reconstructies, waarvan niet wordt aangegeven of en hoe goed ze overeenkomen met de werkelijke graancirkelformatie.

Laatste dank

Verder wil ik nog bedanken voor hun bijdrage, inspiratie en steun;
Andrew King: foto's, Carlijn Haazelager: dtp en traffic, Yvette Matthijsen: tekstcontrole, Marije, mijn lieve vrouw, voor haar steun en inspiratie, haar geduld bij alle processen die het maken van de hologrammen en dit boek met zich mee brachten.

De kunst van graancirkelcodes BELEVEN

Op lokatie ...

Regelmatig worden er zogenaamde presentatie/activatieavonden georganiseerd, waarbij de deelnemers via een een krachtige multimediapresentatie en (ont)spannende meditatie worden meegenomen op een reis naar de innerlijk wereld. Een boeiende avond waarin het draait om de beleving van verrassende kunst uit een andere dimensie.

Via een ontspanningsinductie kunt u via de codering van de graancirkelcodes (hologrammen) oude wijsheden die in ieder mens ligt opgeslagen weer losmaken. Want niets hiervan gaat bij dit proces verloren. Janosh start een serie activaties/presentaties om de verschillende codes te activeren. De activering zal nog maanden na de activatie door blijven werken. De kunst van Graancirkelcodes beleven bestaat uit drie delen.

Onderwerpen in deel 1

- Uitleg 'Wat zijn graancirkels?'
- Waar komen graancirkels voor?
- Uitleg Geometrie en de Hologrammen
- Mijn vriend Saïe
- De kunst uit een andere dimensie beleven

Thema van deel 1

- Wie ben ik?
- Waar sta ik nu, waar wil ik naar toe, hoe wil ik er naar toe?
- Activatie 'Openness' Deze activatie helpt ons eerlijk en open naar onszelf te kijken. Vaak werken onbewust allerlei saboteurs tegen, waardoor we niet durven voelen wat ons werkelijk bezighoudt.
- Deze energie helpt ons om deze energie te onderkennen en daarna onszelf op een dieper niveau te ervaren.

Onderwerpen in deel 2

- In deel 2 worden we geconfronteerd met onszelf, wie we denken dat we zijn en wie we werkelijk zijn.
- Via verschillende confronterende vragen zullen we leren anders naar onszelf en onze werkelijkheid te kijken.
- Een diepere uitleg over geometrie
- De geometrie van water
- Gedachtekracht
- Uitleg van De Gulden Snede
- De kunst uit een andere dimensie beleven (deel 2)
- Activatie a. Erkenning. Deze activatie helpt je anders naar jezelf te kijken. Vaak hebben we veel zelfkritiek, hetgeen onze eigenwaarde negatief beïnvloedt. Angst is vaak de grote blokkade om datgene te doen wat we echt willen. Erken jezelf!
- Activatie b. Tijdsverschuiving, De activatie van Tijdverschuiving helpt je herinneren dat je meer ervaringen achter je hebt liggen dan voor je. De tijd lijkt steeds sneller te gaan richting 2012. Deze energie helpt je het gevoel los te laten dat je nergens meer genoeg tijd voor hebt. Er is nog tijd genoeg ...

Thema van deel 2

- Herken en erken wie je werkelijk bent.
- Ontmoeting met jezelf.
- De angst om jezelf te erkennen ...

Interessante boeken

Geheimzinnige Graancirkels - Eltjo Haselhoff
Uitgeverij: Spectrum ISBN: 90-274-7985-2

Het raadsel van de graancirkels - Eltjo Haselhoff
Uitgeverij Ankh-Hermes 1998 ISBN: 90-202-8162-3

Crop Circles Revealed - J. Moore/B. Lamb

Graancirkels, Goden en hun Geheimen - Robert Boerman
Uitgeverij: Frontier Publishing ISBN: 90-806700-1-4

In de ban van de Cirkel - Rudi Klijnstra
Uitgeverij Indigo 2000 ISBN: 90-6038-478-4

The Hypnotic Power of Crop Circles - Bert Janssen
Uitgeverij: Frontier Publishing ISBN 1-931882-34-7

Interessante websites

www.circularsite.com [Eng/Ned]

www.cropcircleconnector.com [Eng.]

www.dcca.nl [Ned.]

www.temporarytemples.co.uk [Eng.]

www.bertjanssen.nl

www.the-arcturians.com

www.janosh-amsterdam.com

Producten 'The Arcturians'

Luxe wenskaarten

Dubbelgevouwen luxe kaart 15 x 15 cm inclusief enveloppe en kaart met uitleg van de verschillende codes in vijf talen. Binnenkant is blanco.

Krachtige Affirmatie-set

Voel de verborgen krachten van Heilige Geometrie en ervaar een zee van onvoorwaardelijke liefde en healing met deze set. Veelzijdige, positieve Affirmaties met de Arcturiaanse energiekaarten, een unieke set met veel informatie en wijsheden die reeds in ons onderbewustzijn opgeslagen liggen.

Je kunt dagelijks genieten van deze kaarten. Ze ondersteunen de verwezenlijking van je persoonlijke doelen en veranderingsprocessen. Schud de kaarten en intuïtief zul je de juiste kaart trekken. Door op de hologrammen te focussen, dringt de informatie die verborgen ligt in de codes, diep door in je lichaam en onderbewustzijn. Wees je hiervan bewust en realiseer je dat je jezelf aan het helen bent met een stroom van onvoorwaardelijke liefde.

Inhoud: 28 verschillende, kleurrijke en krachtige affirmatiekaarten;
boekje met achtergrondinformatie en uitleg van elke afzonderlijke code, verpakt in een luxe doos met magneetsluiting.

Voor meer informatie en verkoopadressen, kijk op www.janosh-art.com